MIÉ

Pero aún ahora–oráculo del Señor–
vuelvan a mí de todo corazón,
con ayuno, llantos y lamentos.
Desgarren su corazón y no sus vestiduras,
y vuelvan al Señor, su Dios.

JOEL 2,12-13

Hace años—¡años!—amigos me engatusaron a ir a un concierto de los Eagles en Tampa.

Mientras la fecha se aproximaba, me di cuenta de cuándo todo esto acontecería: Miércoles de Ceniza.
Previsiblemente, fui sobrecogida por un sentimiento de culpa. Yo, una rigorista de la Cuaresma desde hace muchos años y, me atrevo a decir, orgullosa de ello—una crítica firme, por ejemplo, de los hábitos de mi mamá de servir cortes caros de pescado o de cenar en un restaurante los viernes, mientras yo humildemente le servía a mi propia familia frijoles o macarrones con queso—aquí estaba yo, en un concierto de música pop.

La culpa se mezclaba con algo más en esa noche—el estar juzgando a los demás—mientras esperaba afuera del auditorio y veía a una procesión de mujeres flexibles, altas, y preciosas saliendo de limosinas. Un número sorprendente de ellas llevaban la marca de cenizas en la frente. ¿Se habrán dado cuenta esas modelos de la suerte que tenían de estar siendo juzgadas doblemente? Aparentemente estaban viviendo el Miércoles de Ceniza con aún más ostentación y gran estilo que yo, pero sin un gramo de vergüenza tampoco, alardeándose de la dicotomía delante de todo el mundo y de mí, que me sentía moralmente superior, recordando el evangelio:

"Guárdense de las buenas acciones hechas a la vista de todos..." (Mateo 6,1).

La Cuaresma parece bastante sencilla, pero las lecturas de la Escritura para el Miércoles de Ceniza reflejan una tensión. Joel llama al pueblo de Dios a ayunar. Es una llamada fuerte y urgente para que el pueblo entero embarque en un camino público de penitencia.

Pero entonces Jesús parece decirnos algo diferente. ¿Ese ayuno? Háganlo en secreto. Laven su cara. Sonrían. Recen en privado. No dejen que nadie sepa lo que están haciendo. Dios lo sabe. Con eso, basta.

Es un dilema que enfrentamos cuando pausamos en la puerta de la iglesia después de la Misa el Miércoles de Ceniza. Tenemos esa cruz marcada en la frente. Nuestras cenizas atestiguan nuestra pecaminosidad y nuestra confianza en la misericordia de Dios. Nos hace bien reconocerlo públicamente, y al mundo, le hace bien verlo.

Pero Jesús dice lo que dice, con un pañuelo de papel, levanto mi mano a mi frente. Me la quito? O la dejo ahi?

Donde sea que me encuentre al inicio de la Cuaresma hoy en día, el primer paso es aceptar esa tensión. Vivo en el mundo. El mundo necesita a Jesús. Somos sus testigos. Pero Jesús me dice, arrepiéntete, atestigua, reza, y da a los demás mientras ayunas de lo que es más mortífero de todo: el orgullo.

JUEVES DESPUÉS DE MIÉRCOLES DE CENIZA

"El que quiera venir detrás de mí, que renuncie a sí mismo, que cargue con su cruz cada día y me siga."

LUCAS 9,23-25

No mucho tiempo después de la Navidad, miro al calendario y veo que la Cuaresma se acerca con una rapidez sorprendente. La Cuaresma es una oportunidad, se dice, de comenzar de nuevo. Encuentro consejo respecto a la renovación personal espiritual.

Suena bueno y correcto. Pero luego oigo a Jesús, y no estoy segura que las dos visiones corresponden exactamente.

Me acuerdo de un sacerdote anciano quien hablaba de los tiempos litúrgicos, y de la Misa de un domingo ordinario, de forma diferente. En vez de llamarnos a la mejora personal a través de una experiencia fantástica de la Cuaresma, nos recordó bruscamente que esta Cuaresma podría ser—y sin duda sería para algunos—la última que viviríamos.

La diferencia no es la morbosidad, sin una orientación básica. El seguir a Cristo lleva fruto: la renovación, la paz, y el enfoque. Los santos lo viven así. Los santos también nos enseñan que cuando ponemos a nosotros mismos y nuestras propias metas al centro del discipulado y al centro de la escuela intensa de discipulado que es la Cuaresma, posiblemente no estamos captando su sentido. No importa cuánta buena voluntad tengamos.

Jesús me llama a abnegarme. De inmediato, me desafía a considerar si mi primer acto de negación de mí misma podría ser dejar al lado mis grandes planes de cómo utilizaré la Cuaresma para mejorar mi vida, y más bien simplemente enfocarme en seguir a Cristo hasta la cruz. Dejar a Dios que me renueve de la manera que Él quiera, sea lo que sea.

VIERNES DESPUÉS DE MIÉRCOLES DE CENIZA

¿No saben cuál es el ayuno que me agrada?
Romper las cadenas injustas,
desatar las amarras del yugo,
dejar libres a los oprimidos
y romper toda clase de yugo?

ISAÍAS 58,6

No soy una carnívora devota, pero previsiblemente los viernes de Cuaresma (y sólo en esos días) se me antojan mucho las hamburguesas.

Es también predecible que al final de esta primera mini-semana de Cuaresma, ya escuche una voz racionalizando dentro de mi cabeza: "¿Te acuerdas de esas cosas a que renunciaste? ¿Qué hay de malo en ellas? ¡Y mira esta lectura de Isaías! Es el espíritu del ayuno que importa, no las prácticas específicas. Adelante..."

Débil.

Cuando esa dinámica comienza a trabajar en mi espíritu, tengo que detenerme, leer cuidadosamente, y rezar.

Entonces yo siento a Dios, a través del profeta Isaías, criticando no el ayuno como tal, sino el ayuno divorciado del amor. Es Pablo quien me recuerda, siglos después, que puedo hacer lo que sea con el poder de la fe, pero si lo hago sin amor, es como un nada.

El ayuno cuaresmal es inseparable del amor de los demás expresado a través de dar limosna, y del amor de Dios expresado a través de la oración. Mientras sacrifico cosas buenas, cosas que son bendiciones, me estoy liberando de mis propios deseos y necesidades. Las estoy dejando al lado, no por mi propio bien, sino en aras del amor. Suelto mi agarre sobre lo que me sirve, y mis manos están libres para compartir.

SÁBADO DESPUÉS DE MIÉRCOLES DE CENIZA

Después Jesús salió y vio a un publicano llamado Leví, que estaba sentado junto a la mesa de recaudación de impuestos, y le dijo: "Sígueme".
El, dejándolo todo, se levantó y lo siguió.

LUCAS 5,27-28

La representación artística más conocida de este momento es la de Caravaggio. A diferencia de mucha arte creada originalmente para una iglesia, esta pintura permanece en su espacio original: una capilla al lado de la iglesia de San Luis de los Franceses en Roma.

No puedes acercarte justo en frente del cuadro, pero los detalles sugerentes están visibles aún desde una distancia. Habiendo entrado en la contaduría, Jesús no se quedará por mucho tiempo. Sus pies ya están vueltos hacia fuera, listos para marcar el camino para sus apóstoles. Señala a Mateo con un gesto que evoca la mano de Dios Creador extendida hacia Adán en el techo de la Capilla Sixtina de Miguel Ángel.

Mateo tiene ese momento para decidir. Se ve que es una decisión desgarradora. Una mano tocando su corazón, como para decir, "¿Yo?" La otra descansa sobre un montón de monedas. Su tesoro. Entre los dos, bañada en luz, hay una ventana. Los trozos de madera que sostienen la ventana están en la forma de una cruz.

La invitación de seguir a Jesús viene ahora a nosotros. Sí, la cruz nos espera, pero también nos espera el amor. Puedo preguntarme a mi misma, como Mateo, "¿Quién, yo?" Posiblemente a veces extiendo una mano primero a las cosas que me atan a la tierra. ¿Cuáles son esas cosas? ¿Qué me hace falta para que yo levante mi mano y deje las riquezas que están sobre la mesa y siga a Jesús?

PRIMERO DOMINGO DE CUARESMA

La serpiente dijo a la mujer: "No es cierto que morirán. Es que Dios sabe muy bien que el día en que coman de él, se les abrirán a ustedes los ojos; entonces ustedes serán como dioses..."

GÉNESIS 3,4-5

Este domingo, escuchamos a historias de tentación. Dios ha dado a la primera mujer y al primer hombre todo lo que necesitan para prosperar. No importa. Hay solo una cosa, ese árbol único, que no pueden tener porque posee lo que pertenece solamente a Dios: el poder de determinar, de manera fundamental, lo que es bueno y malo—la estructura de la realidad y de las relaciones—.

Una sola cosa, una sola tentación, una sola opción.

Me parece que todo pecado se refleja a este primer pecado. Es como ver a Aquél cuyo amor hizo que existieras, a quien te creó por amor intencional, y responderle, "No."

En el evangelio, oigo el misterio de la tentación de Jesús en el desierto. Hambriento después de cuarenta días de ayuno, se encuentra con el Tentador. Le ofrece a Jesús un camino de orgullo. Cada respuesta de Jesús al tentador es un pasaje de la Escritura.

Con cuánta frecuencia he mirado hacia atrás después de ceder a las tentaciones grandes y pequeñas, y he pensado, "¿Realmente habría sido tan difícil decir no?" Confiando en Dios, dejando que Dios mueva y hable a través de mi vida en lugar de mi propio orgullo, yo puedo tomar decisiones diferentes.

LUNES DE LA PRIMERA SEMANA DE CUARESMA

Porque tuve hambre y ustedes me dieron de comer; tuve sed y ustedes me dieron de beber. Fui forastero y ustedes me recibieron en su casa. Anduve sin ropas y me vistieron...

MATEO 25,35-36

Es difícil hablar de los momentos cuando intentaste poner en práctica una obra de misericordia corporal. Puede parecer que estás presumiendo—no exactamente dando limosna en secreto—. Pero a pesar de ello, contaré esta breve historia.

Necesitaba pararme en un supermercado para comprar algunas cosas. Dando la vuelta a la esquina, vi a un hombre parado y a una mujer en una silla de ruedas, los dos sosteniendo carteles indicando su necesidad.

A pesar de estar bien consciente del consejo de amigos involucrados en el ministerio de ayudar a las personas sin hogar (que es no hacerles caso a las personas mendigando al margen de la calle porque hay una abundancia de recursos comunitarios disponibles para los necesitados), algo me llamo. Una vez dentro de la tienda, recogí mis propias compras, y luego escogí algunas bebidas, unas tortas empaquetadas, y barras de proteína.

De salida, le entregué la bolsa al hombre. La aceptó, agradecido, a través de la ventana abierta. La mujer me saludó con su mano y sonrió. Nos deseamos mutuamente bendiciones.

Mientras me alejaba en mi carro, un pensamiento dominaba mi corazón. No era una cuestión de quién se merecía qué. Era simplemente: ¿Por qué no vivo siempre así? ¿Qué me detiene de ser más libre y abierta a Cristo en todos sin pausa y sin nigun juicio?

MARTES DE LA PRIMERA SEMANA DE CUARESMA

"Cuando pidan a Dios, no imiten a los paganos con sus letanías interminables... su Padre ya sabe lo que necesitan."

MATEO 6,7-8

A menudo oímos estas palabras de Jesús utilizadas como un argumento en contra de las oraciones rezadas de memoria o recitadas, y específicamente contra oraciones repetitivas como el rosario.

Somos animados a "rezar con nuestras propias palabras de corazón."

No sé si a ti te pasa lo mismo, pero yo encuentro que mis oraciones más incoherentes son las que resultan de haber dicho de mi propio poder. Yo me repito, la oración en su mayoría es de mi misma, y me deja donde comencé.

Al contrario, cuando recurro a los salmos y a las oraciones tradicionales católicas, desde el padrenuestro al Memorare a la oración del Suscipe de San Ignacio, o cualquiera de las miles de otras oraciones que han evolucionado a través de siglos de Tradición católica moldeada por el Espíritu, el resultado es diferente.

Necesito traer mis propias necesidades dentro de ese espacio, pero cuando junto todo eso con la oración de la Iglesia, me eleva por encima de mi propio mundo. A lo largo de los siglos, el Espíritu ha moldeado estas oraciones para que en ellas seamos guiados suavemente a poner a Dios primero, no a nosotros mismos.

Durante la Cuaresma, soy invitada a rezar profundamente más, y más. También, soy invitada a considerar la manera cómo rezo, y a dejar que Dios me conduzca lejos de mi propio balbuceo y me guíe hacia la amplitud de su corazón.

MIÉRCOLES DE LA PRIMERA SEMANA DE CUARESMA

Jonás comenzó a internarse en la ciudad... [Cuando] los ninivitas creyeron en Dios,
decretaron un ayuno y se vistieron con ropa de penitencia, desde el más grande hasta el más pequeño.

JONÁS 3,4-5

Cuando mi hija adulta vivía con nosotros comenzó a responder a mis peticiones con una palabra. "Oído", ella decia. Y luego iba alegremente.

Eso me molestaba. ¿Qué era eso? ¿Alguna frase de moda entre los millennials? Me molestaba.

Finalmente le pregunté. ¿De qué se trata eso de "oído"?

Ella estaba trabajando como mesera, y me dijo que era lo que decían en los restaurantes. Cuando la cocina recibía instrucciones, gritaban "oído" para asegurar a quien hablaba que la petición se había registrado. Como "recibido" o "te copio".

Pensé, "Eso es inteligente". ¿Cuántas veces nos hablamos los unos a los otros, y suponemos que nos han oído y entendido, pero no es así?

¿Cuántas veces Dios me habla y dejo que sus palabras floten alrededor de mi corazón, pero realmente no las oigo?

Los ninivitas oyeron la llamada de Dios, que les fue ofrecido por medio de Jonás. Indicaron que la Palabra les había alcanzado. Dijeron, "oído" de manera clara y concreta. Cambiaron sus vidas completamente.

La palabra de Dios me viene todos los días. ¿Cuál es mi respuesta? ¿Digo "oído" al Señor de forma concreta e inconfundible? ¿O es mi respuesta murmurada, nebulosa, y evasiva? ¿Reflejan mis deseos más que los de Dios?

JUEVES DE LA PRIMERA SEMANA DE CUARESMA

Ven a socorrerme, porque estoy sola y no tengo a nadie más que a ti, Señor.

ESTER 14,14

Ayunar y renunciar. Es lo que hacemos durante la Cuaresma. Quizá nos privamos de un placer innecesario, como el alcohol, botanas, dulces, o tiempo en el internet.

La dinámica espiritual de ayunar y abstenerse es interesante. Inicialmente el experimento como un grande "no", doloroso, molesto, y empapado de tentación. Es un negativo, una negación, una ausencia. Lo resiento, y continuamente intento encontrar una manera de sacarle la vuelta.

Pero la práctica no tarda mucho en tomar un aspecto diferente cuando viene acompañada con la oración y la paciencia. Pero con el tiempo, la negación comienza a sentirse como un "sí" en vez de un "no".

La tentación y el deseo por lo que he renunciado sigue presente, porque soy humana. Pero mientras la temporada progresa, comienzo a sentir la libertad.

Con un espíritu de oración, echando el mundo y sus prioridades a un lado en imitación del sacrificio de Cristo, doy vuelta a la esquina y me siento libre. Si esta cosa ya no está sobre la mesa, estoy libre de un apego más que no es Dios. Como Ester, yo sé quién es mi fuerza verdadera, mi ayuda auténtica, y puedo profundizar mi confianza que Él me salvará y no algo que el mundo me ofrece.

VIERNES DE LA PRIMERA SEMANA DE CUARESMA

Mi alma espera en el Señor,
y yo confío en su palabra.
Mi alma espera al Señor,
más que el centinela la aurora.

SALMO 130,5-6

¿Alguna vez haz recordado un momento de tu pasado, y ha sido difícil creer que fuiste tu quien lo hizo?

Tampoco, sólo me refiero a cosas malas. Me refiero a: la vida. Ahora, con más de cincuenta años, miro atrás dos, tres, o cuatro décadas y me pregunto, "¿Realmente fui esa persona?"

Experimentamos algo semejante al seguir por delante. Piensa en amigos o familiares que haz conocido desde la niñez. Ese muchacho robusto de 18 años, claramente no es el bebé que recuerdas haber tenido en tus brazos—pero al mismo tiempo, sí lo es—.

Confieso que me pongo ansiosa por eso, especialmente cuando me encuentro con una persona anciana que ha perdido la conciencia de su propia historia personal. ¿Dónde está la continuidad de una vida?

Soy invitada a entrar más profundamente al camino de Jesús durante la Cuaresma. Éste es un viaje que nos lleva a las profundidades de nuestra vida humana. Comenzó con la Encarnación, pero ahora veo lo que significa realmente "Palabra hecha carne". La carne sufre, muere, y finalmente resucita.

Ciertamente, este camino es un misterio. A veces, parece quebrantado y lleno de peligro, pero la claridad de estos días cuaresmales me enfocan en la santidad de esta carne. Carne que el Señor asumió. Me da la esperanza de que desde la cuna hasta la tumba y más allá, puedo esperar y confiar en el Señor. Él me ha restaurado la integridad.

SÁBADO DE LA PRIMERA SEMANA DE CUARESMA

...Acabas de decir a Yavé que Él será tu Dios y tú seguirás sus caminos, observarás sus normas, sus mandamientos y sus leyes y escucharás su voz.

DEUTERONOMIO 26,17

Mi hijo de once años puede reflexionar en diez temas diferentes dentro de cinco minutos. Recientemente, me preguntó sobre la letra de la canción "That's Amore", el libro *Anna y el Rey de Siam*, reflexionó sobre cómo sería ser un anfibio, recitó un haikú que había escrito, y comentó sobre las proporciones del ícono en la iglesia ortodoxa en la esquina.

Mientras pasábamos la iglesia, compartió otra revelación: "Si todos simplemente hiciéramos lo correcto, no necesitaríamos del gobierno, ¿verdad?"

Esta conversación al inicio de la Cuaresma resonaba conmigo.

No soy exenta del reto de simplemente hacer lo correcto, de simplemente ser la persona que Dios me creó para ser. Cuando declaro que mi preocupación principal es el espíritu, no la letra, realmente no me preocupa ni uno ni el otro. A lo mejor proclamo que las "reglas" son para los inmaduros, pero frecuentemente mi postura revela, irónicamente, que tan inmadura soy.

Los mandamientos de Dios no son simplemente reglas. Expresan las posibilidades de quien Dios me creó para ser. Durante la Cuaresma, quizá puedo acercarme más al Espíritu observando algunas reglas más, y estar atenta no a lo ajeno a mi vida, sino a su voz, que habla amorosamente en las profundidades de mi corazón.

SEGUNDO DOMINGO DE CUARESMA

A la vista de ellos su aspecto cambió completamente: su cara brillaba como el sol y su ropa se volvió blanca como la luz... Pedro tomó la palabra y dijo a Jesús: "Señor, ¡qué bueno es que estemos aquí!"...

MATEO 17,2 Y 4

Me acuerdo de muchos lugares y momentos en mi vida cuando pensé, "Qué bueno que estoy aquí."

No estoy comparando estas experiencias a la bendición de estar en la cumbre de aquella montaña con Cristo, pero a esos momentos de claridad y comunión cuando conocemos la presencia amorosa de Dios.

Son memorias de momentos de convicción y conexiónes profundas con el Señor. Momentos de amistad y familia, de reconciliación, y de reconocer a Cristo en sus pobres. Son momentos de intensidad espiritual profunda en la oración, en la celebración de los sacramentos, en la Reconciliación, en la Eucaristía.

Es bueno que estemos aquí.

Pero, ¿por qué? Me pregunto si yo, como Pedro, podría ser propensa a entender mal lo que es la bondad de estos momentos. Pedro y los demás vislumbraron a Jesús como realmente es, no para el beneficio de sus sentimientos, sin para el beneficio de un mundo necesitado de las Buenas Nuevas. Al compartir esas Buenas Nuevas es un desafío; el mundo es escéptico y nosotros, como los apóstoles, somos débiles. En esos momentos de sufrimiento y duda, todavía tenemos ese don de la gracia, ese recuerdo de la luz.

Para fortalecernos a perseverar en el servicio de amor, es realmente bueno que estamos aquí.

LUNES DE LA SEGUNDA SEMANA DE CUARESMA

Sean misericordiosos, como el Padre de ustedes es misericordioso.

LUCAS 6,36

Aún ahora, bien metida en la edad madura, disfruto (a veces con cierta perplejidad) con buena y hasta con excelente salud. No la tomo en vano, y estoy agradecida por el momento presente.

Sin embargo, recientemente me enfermé, y fue abnormal porque la miseria duró un par de semanas. Mucho más tiempo que los dos o tres días normales.

A nadie le gusta estar enfermo, pero como los santos nos recuerdan, la enfermedad puede ser una oportunidad para crecimiento espiritual. Yo sé que, para mí, hasta una enfermedad menor me da una oportunidad de crecer en la empatía y ofrecer mi pizca de malestar por los que sufren de verdad.

Es parecido a mi experiencia después de la muerte de mi esposo. Uno de los frutos de ese tiempo fue que me sentí vinculada más íntimamente con el resto de la humanidad en nuestra mortalidad compartida. Hasta me pregunté cómo me había atrevido a sentirme humana antes de ese encuentro cercano con el misterio de la muerte.

En la misericordia de Dios hacia mí, descubro la misma vinculación con los demás. Considero cuántas veces he sido perdonada, y cómo la misericordia de Dios me ha cambiado. Este encuentro me lleva más profundo al dentro de la experiencia humana y me llama a la empatía. A mi alrededor hay personas quebrantadas, y yo soy una de ellas. ¿Quién soy yo para negarme a compartir con ellas lo que se me ha dado tan abundantemente?

MARTES DE LA SEGUNDA SEMANA DE CUARESMA

Dios dice al malvado:
"¿Cómo te atreves a pregonar mis mandamientos
y a mencionar mi alianza con tu boca,
tú, que aborreces toda enseñanza
y te despreocupas de mis palabras?"

SALMOS 50,16-17

Quizá te acuerdas de estar sentado en un salón de clase escuchando a un profesor criticando el desempeño de los alumnos en un examen, un trabajo escrito, o simplemente cómo andan las cosas en general.

Si el tema era que las cosas no iban muy bien, pero no se mencionó específicamente a nadie, usted no se hubiera culpado por sentirse un poco preocupado. No estaba sólo en eso, tampoco. La clase entera se estaba preguntando lo mismo: ¿Está hablando de mí?

Oímos mucho sobre la hipocresía en la Biblia. Los profetas vituperan a Israel por sus ayunos superficiales y su enfoque en lo externo. Jesús fustiga a los líderes religiosos porque "preparan cargas pesadas, muy difíciles de llevar, y las echan sobre las espaldas de la gente, pero ellos ni siquiera levantan un dedo para moverlas" (Matthew 23,4).

Pero a veces el estar en un contexto histórico lejano de esas críticas nos da una excusa para mirar alrededor tranquilamente y decidir: Está hablando de ellos, no de mí.

Es irónico lo fácil que es escuchar a los pasajes de la Escritura que hablan de la hipocresía y del fariseísmo, con un espíritu de fariseo.

Pero todos somos indefensos sin Dios. Todos somos hipócritas. Todos somos pecadores. Cuando el Señor nos llama la atención a ello, no cabe duda. Sí, el me está hablando a mí. Pero eso no es el fin. Cuando ofrece la paz, la integridad, y el bálsamo de su misericordia sanadora... También entonces me está hablando a mí.

MIÉRCOLES DE LA SEGUNDA SEMANA DE CUARESMA

Jesús dijo a los hermanos: "No saben lo que piden. ¿Pueden ustedes beber la copa que yo tengo que beber?"

MATEO 20,22

Hace algunos años, aprovechamos una gira gratuita a la Reserva Federal en Atlanta. Hay una pequeña muestra de monedas y billetes históricos de los Estados Unidos. Han perdido su valor original, pero conservan un valor histórico.

También puedes mirar a través de ventanas y observar billetes siendo recogidos y ordenados. Al final, te llevas una bolsa de plástico llena de billetes triturados. Una vez "valieron" algo; ahora no "valen" nada.

Entonces tuve que responder la pregunta viniendo de un niño de 8 años: "¿Por qué una hoja de papel vale algo, y otra no?" Intente usted mismo responder a esa pregunta...

La pregunta del valor es desconcertante. También es algo central al tiempo de Cuaresma. Las palabras de Jesús aquí son una respuesta a la madre de Santiago y Juan, quienes persistieron en valorar el estatus mundano; no entendieron el punto del mensaje de Jesús. ¿Y yo? ¿Qué valorizo yo de manera inmerecida o aleatoria? ¿Qué valorizo en maneras que me distraen del valor eterno de lo que Jesús me ofrece?

La Cuaresma me desafía a contemplar estas preguntas y llevarlas a la práctica, mientras sacrifico lo que yo valoro hoy para que pueda escuchar más de cerca lo que Jesús me dice sobre dónde esta la alegría eterna, y dónde se puede encontrar el valor eterno y sólido.

JUEVES DE LA SEGUNDA SEMANA DE CUARESMA

Él es como un árbol
plantado al borde de las aguas,
que produce fruto a su debido tiempo,
y cuyas hojas nunca se marchitan...

SALMOS 1,3

Durante un aguacero muy fuerte, un ruido hizo temblar toda la casa. Investigamos afuera. Un árbol grande había caído. Golpeó la parte detrás de nuestro techo, pero sólo eso. Eché una mirada a mi cuarto. No había daños. Mi hijo se quejó de que no había acabado con la canasta de baloncesto, que él estaba desesperado por reemplazar.

Yo quisiera que no hubiera sucedido, pero el daño fue totalmente externo. No era un gran problema.

Entonces, oí el goteo. Exploré y encontré que faltaba un pedazo de mi armario. El agua estaba llegando peligrosamente cerca de un viejo cuadro de control de una alarma.

Aun así no era el fin del mundo, pero sí mucho peor de lo que mi examinación inicial había revelado. Y mucho más molesto. "Ese mismo árbol," pensé con tristeza. "Por algún motivo ya había sospechado que algo así podría acontecer".

Un rápido análisis de mi vida desde afuera indica que todo está muy bien. Pero en el espacio silencioso y enfocado de Cuaresma, lejos de la cacofonía de las tormentas diarias, ¿qué oigo? ¿Qué está escondido y gotea constantemente? ¿Cuáles pistas ignoro? Ahora es el momento de prestar atención a aquella debilidad, para que yo no cause más daño, sino más bien prospere con la vida de Dios.

VIERNES DE LA SEGUNDA SEMANA DE CUARESMA

Ustedes quisieron hacerme daño, pero Dios quiso convertirlo en bien para que se realizara lo que hoy ven: conservar la vida de un pueblo numeroso.

GÉNESIS 50,20

Una ex alumna mía se casó inmediatamente después de la universidad y tuvo un hijo. Poco después del nacimiento de su hijo, su esposo se murió en un accidente automovilistico.

Diez años más tarde, se ha casado otra vez y tiene otro niño. Un niño que no tendría vida si no fuera por la muerte de otra persona.

Ella confiesa que es un misterio que a veces le hace detenerse en seco.

Tales misterios se encuentran en la historia de todos nosotros. Si examináramos cada paso que nos condujo a nuestras vidas actuales, veríamos un tapiz confuso de decisiones buenas y horribles. Accidentes que nos llevaron a este momento. Aquí estamos, en existencia debido a las cosas extrañas que pasaron a otras personas.

Prestamos atención especial al Via crucis de Jesús los viernes de Cuaresma. La narración de José en el Antiguo Testamento arroja una luz interesante sobre Jesús. Vendido como esclavo y presunto muerto, José fue posicionado para salvar las vidas de miles de personas.

Jesús, detenido y forzado a seguir un camino duro del sufrimiento, llevando una cruz injusta, nos salva del pecado y de la muerte y redime el mundo.

Como discípulo, yo también voy sobre este camino. Escuchando a José, caminando con Jesús, confío mi vida y este mundo desconcertante a Dios. Con fe y esperanza en la oscuridad y en la luz, en la debilidad y en la fuerza, confío que Dios puede traer algo bueno de todo ello.

SÁBADO DE LA SEGUNDA SEMANA DE CUARESMA

Cuando todavía estaba lejos, su padre lo vio y se conmovió profundamente, corrió a su encuentro, lo abrazó y lo besó.

LUCAS 15,20

Como gerente—es decir, mamá—de varios niños, he notado que uno de los signos más claros de que no todo anda bien es la evasión.

En vez de entrar a la casa para conversar después de la escuela, sus pasos conducen directamente a su habitación y una puerta se cierra firmemente. Después de una explosión de actividad con gritos, el silencio de repente domina. Es lo mismo en el trabajo o hasta en una amistad. Si no has tenido noticias de alguien en un buen rato, sospechas que algo esta pasando.

He notado lo mismo en mi vida espiritual. Lo más seguro es que si estoy evitando la oración, si estoy viviendo con la convicción que lo que realmente importa es mi actitud positiva y la aceptación de mí misma, lo que realmente pasa es probablemente la negación.

Desde que la oración es, como dice Santa Teresita, el grito sencillo del corazón a Dios, si estoy evitando la oración, no estoy evitando solamente palabras y acciones; estoy evitando una oportunidad de encontrarme con Dios. ¿Y por qué quisiera alguien evitar eso? Tal vez, como el hijo pródigo, ellos pensaban que sabian mejor.

Por este motivo, yo acojo con agrado las prácticas espirituales centradas que se proponen en la Cuaresma. Este tiempo de rezar, ayunar y dar de forma más intencional me ofrece la oportunidad de erradicar los hábitos de evasión y regresar a mi vida al abrazo amoroso del Padre.

TERCER DOMINGO DE CUARESMA

La mujer, dejando allí su cántaro, corrió a la ciudad y dijo a la gente: "Vengan a ver a un hombre que me ha dicho todo lo que hice. ¿No será el Mesías?".

JUAN 4, 28-29

En la narración de Juan del encuentro de Jesús con la samaritana al lado del pozo, somos testigos de otra conversación fascinante que parece tortuosa, pero que al final llega a revelar la verdad.

Comienza en el calor del día, el momento cuando la luz está más fuerte, y a la luz sale una mujer. Una charla ordinaria se convierte en un momento de autoconocimiento profundo. Ella es confrontada con sus defectos y al irse se va con mayor entendimiento. Es muy instructivo que ella, enfrentada por noticias vergonzosas e incómodas respecto a su vida, experimenta todo eso como algo bueno, buenas noticias. Conoce a Jesús siendo ella tal como es, y en ese espacio honesto y doloroso, encuentra la redención.

Una amiga mía luchó contra el cáncer a lo largo de muchos años. En un momento entre su diagnosis y su muerte, me dijo con convicción total: "Yo le agradezco a Dios por mi cáncer."

El cáncer había devastado su cuerpo y estaba acortando su vida física, pero mi amiga se sentía bastante fuerte que el cáncer también le había desnudado de sus fingimientos y le había forzado a enfrentarse a ella misma y con Dios en términos honestos y sobrios. Ahí, a aquella luz brillante e dolorosa, fue puesta cara a cara con Jesús por un camino tortuoso y errante. Ella se percibía como realmente era—con defectos, sí, pero sobre todo, amada—.

LUNES DE LA TERCERA SEMANA DE CUARESMA

Naamán se enojó y se fue diciendo: "Yo pensaba que saldría a verme en persona, que invocaría el nombre de Yavé su Dios, que pasaría su mano por la parte enferma y que me libraría de la lepra."

2 REYES 5,11

Éste es uno de esos momentos muy humanos, significativos, y auténticos en las Escrituras. Una narrativa llena de malentendidos y falsos comienzos. Como la vida.

Naamán, un arameo que sufría de la lepra, ha sido informado por un esclavo israelí que hay un profeta que lo puede sanar. Después de un poco de confusión, Naamán llega al profeta Eliseo, y se desilusiona. Como leemos arriba, en vez de atención y un poco de espectáculo, Eliseo envía un mensaje diciendo que debería simplemente bañarse en el río Jordán.

Después de quejarse un rato, se baña, y queda sanado rápidamente y totalmente.

Nuestras expectativas de cómo la actuación de Dios debería verse, como las de Naamán, pueden estar equivocadas. El primer problema está allí al inicio: tenemos expectativas. Buscamos momentos de exaltación emotiva durante la oración privada o la Misa. O desdeñamos las oraciones sencillas en favor de los programas complicados o los sistemas espirituales.

Comenzamos la Cuaresma con un gran plan, decididos que será la mejor Cuaresma de nuestras vidas hasta la fecha. Pero esperamos en vano los grandes momentos, y nos perdemos en los sistemas y planes. Recibimos algo más silencioso, más discreto de lo que esperábamos.

Dejando mis expectativas a un lado humildemente, me uno a Naamán en aquellas aguas, rezo oraciones de gratitud, y que se haga la voluntad de Dios.

MARTES DE LA TERCERA SEMANA DE CUARESMA

Entonces Pedro se acercó con esta pregunta: "Señor, ¿cuántas veces tengo que perdonar las ofensas de mi hermano? ¿Hasta siete veces?" Jesús le contestó: "No te digo siete, sino setenta y siete veces."

MATEO 18,21-22

Una vez alojamos una granja de gusanos en nuestra casa. Todo por la ciencia. Encontramos un frasco grande, lo llenamos con capas de tierra y arena, tiramos adentro un montón de gusanos vivos, y lo dejamos en un lugar fresco y oscuro.

A lo largo de las semanas, cada vez que mirábamos, los gusanos habían creado más túneles. La división entre la tierra y la arena era más difícil de discernir. Con el tiempo no había nada de capas, sólo granos pequeños blancos dispersos en medio de la tierra oscura, un pequeño paisaje lleno de senderos para aquellas criaturas trabajadoras.

"Me gustan los descomponedores," comentó mi hijo. "Hacen este trabajo importante a todas horas y nadie realmente se da cuenta."

Están debajo de nuestros pies constantemente, silenciosamente, haciendo la vida posible.

Setenta y siete veces. Ese múltiple de ese número completo, siete, hace claro que Jesús me está diciendo que el perdón que he recibido es inconmensurable. El perdón que yo comparto debe ser igualmente inconmensurable.

Ni puedo contar esos momentos de misericordia, ni debo. El hecho de que Cristo vive en mí, y me que llena de su gracia, significa que la vida que vivo es el perdón. Ventila la fundación de las relaciones, y hace posible una vida más rica en maneras discretas, a veces no reconocidas o menospreciadas. Sin ese movimiento constante de perdón debajo de nuestros pies, ¿quién puede florecer?

MIÉRCOLES DE LA TERCERA SEMANA DE CUARESMA

Pero ¡fíjate bien! Ten mucho cuidado de no olvidarte de estas cosas que tus ojos han visto. Guárdalas en tu interior todos los días de tu vida, y repíteselas a tus hijos y a tus nietos.

DEUTERONOMIO 4,9

Nosotros somos miembros de un gimnasio judío, parecido a un YMCA. Es uno de los mejores en el pueblo, con albercas excelentes, programas buenos, y personas amigables.

Y es inconfundiblemente judío. Hay una mezuzah se mira en todas las puertas. El gimnasio está cerrado desde la tarde del viernes hasta el atardecer del sábado y en las fiestas judías. La cafetería sólo sirve comida kosher. Todo el mundo puede hacerse miembro, pero tienes que comprometerte a respetar esa identidad judía. Mis niños han aprendido mucho sobre el judaísmo por ir a nadar.

Una iglesia católica con las puertas abiertas se extiende hacia el cielo en el medio de una ciudad. Todo el mundo es bienvenido a entrar. Quien sea que tenga los ojos y el corazón abiertos puede aprender de los símbolos de fe en las paredes, en el techo, en la misma estructura del edificio, y en las oraciones y pasajes de Escritura grabadas en la madera y la piedra. El edificio de la iglesia contiene las enseñanzas del Señor en su memoria y las enseña de forma única y concreta.

Mi vida debería ser así. Lo que mis propios ojos han visto es la misericordia de Dios, la esperanza para los pecadores, y la promesa de la vida eterna. Mi vocación es recordar y ser testigo de esa misericordia en formas atractivas y cordiales. Recordar, vivir, atestiguar.

JUEVES DE LA TERCERA SEMANA DE CUARESMA

Diles, entonces, esto: Esta es la nación que no ha escuchado la voz de Yavé, su Dios, ni ha querido aprender. La fidelidad ha muerto...

JEREMÍAS 7,28

Mi disciplina cuaresmal da forma a mi fidelidad. A veces puede ser un desafío. La tentación siempre está presente: Es sólo algunos bocados entre comidas. Es sólo un momento programado de oración que voy a omitir. Lo que importa es el espíritu. Cuando llega el momento de hacer las decisiones grandes, estaré totalmente del lado de Dios.

Sin ser legalista o excesivamente escrupulosa, tengo que ser honesta. Los santos—aquellos hombres, mujeres y niños que digo que son mis ejemplos de vida—fueron todos ascetas.

Hay una dinámica correctiva en el curso de la espiritualidad de los santos a lo largo de los siglos. Directores espirituales sensibles y amorosos advierten a los que acompañan que no deben excederse. El orgullo puede estar al la raíz del hacer más, igual que lo puede estar al hacer menos.

Es un aspecto constante en la vida de los santos, la convicción de que el camino a la salud espiritual se encuentra en permitirse menos de los placeres del mundo, no más, y en expresar la fidelidad por medio de los sacrificios pequeños.

Para estos hombres y mujeres, el decir "no" a lo que le mundo ofrece les fortalece para dar un "sí" a Dios. Aprender a ignorar los deseos del cuerpo libera espacio para que se pueda oír claramente la voz de Dios. Que haya menos de mi "sí" egocéntrico y más de la voluntad de Dios. Hasta que, por la fidelidad en temas grandes y pequeños, espero que algún día ya no haya ninguna diferencia entre los dos.

VIERNES DE LA TERCERA SEMANA DE CUARESMA

[No] diremos más "¡Dios nuestro!"
a la obra de nuestras manos,
porque sólo en ti el huérfano encuentra compasión.

OSEAS 14,4

Algunos fines de semana, visito las ventas de los bienes de un difunto por parte de los deudos o herederos. Voy por varias razones: para encontrar buenas ofertas, para satisfacer mi curiosidad respecto a los interiores de casas interesantes, y a veces hasta como un ejercicio espiritual.

La verdad es que suelo dejar esas ventas con mis manos vacías y, aún más, con un deseo profundo de limpiar y purgar.

Lo que ese tipo de ventas más imprime en mi mente es la impotencia de los ídolos que construimos, compramos, y atesoramos: cuartos llenos de kitsch navideño, una casa llena de estatuas coleccionables de cerdos, muebles finos... El sótano más asombroso, más grande que muchas casas, lleno de piso a techo con miles y miles de libros, CDs, DVDs, y una colección extensa de latas de cerveza. Los dueños se han ido, sus cosas aún llenan la casa, y ahora extraños están saqueando su casa en búsqueda de buenas ofertas.

Somos un pueblo encarnacional, y el mundo es bueno y bello, creado por Dios. Pero mi vocación definitiva es amar todas y cada una de esas cosas según su naturaleza. Eso significa recordar que nada construido por manos humanas me puede salvar. De hecho, al poner mi esperanza de alegría en cosas materiales puede distraerme del amor de Dios. Dios me invita a utilizar el poder de mis manos no para servir mi propio placer y ansiedad existencial, si no para servir a todos los necesitados con una amorosa libertad y compasión.

SÁBADO DE LA TERCERA SEMANA DE CUARESMA

En cambio el publicano, manteniéndose a distancia, no se animaba siquiera a levantar los ojos al cielo, sino que se golpeaba el pecho, diciendo: "¡Dios mío, ten piedad de mí, que soy un pecador!".

LUCAS 18,13

Walker Percy escribió una novela titulada *El amor en las ruinas.* Su subtítulo es *Las aventuras de un católico malo en un tiempo cercano al fin del mundo.*

Siempre me gustó ese subtítulo, no sólo porque resume el contenido del libro, sin por esa parte de ser un católico malo. Porque, usted y yo vivimos en un tiempo cuando parece que todos somos "buenos católicos".

No sé si le pasa a usted, pero mi declaración de "claro que sí, soy buena católica" invariablemente precede mi búsqueda de espacio para maniobrar. Es una introducción a una excusa, el prefacio de una explicación de cómo Jesús probablemente no daba un sentido literal a lo que dijo respecto a la ira o la misericordia o las posesiones. Usted sabe, los tiempos cambian.

Es fácil caer insensiblemente en ese paradigma: simplemente porque Dios me ama, estoy haciendo todo muy bien. Puedo tener la confianza de que soy buena cristiana porque me desperté hoy por la mañana y no he matado a nadie.

Sin caer en la escrupulosidad, estoy comenzando a pensar que el paradigma más tradicional es más realista. Si conocieras a alguno de los santos y le saludaras con el elogio, "¡Felicidades! ¡Eres un cristiano maravilloso!" ¿Cómo respondería? Estoy pensando que sería con una sonrisa perpleja, un meneo de la cabeza, y una oración: O Dios, ten misericordia de mí, que soy una pecadora.

CUARTO DOMINGO DE CUARESMA

Entonces dijeron nuevamente al ciego: "Y tú, ¿qué dices del que te abrió los ojos?". El hombre respondió: "Es un profeta".

JUAN 9,17

Esta narración de cómo Jesús sanó al hombre nacido ciego siempre ha sido una de mis preferidas. Lo que más me fascina es el entendimiento gradual del ciego respecto a la identidad de este hombre sanador.

Al inicio no tiene idea, pero despues de que varias personas lo interrogan, su visión interna comienza a igualar a su nuevo estado físico. Observa esa dinámica. Él no entiende porque reflexiona sobre esas cosas en soledad. Entiende porque lo cuestionan. Cada pregunta lo conduce más profundo, hasta que finalmente encuentra a Jesús de nuevo. Incluso Jesús mismo lo interroga, y en este momento entiende. No es sólo un hombre, ni siquiera un sencillo profeta, sino el Señor, el Mesías, el Cristo.

El primer día del octavo grado en un nuevo colegio, una chica sentada detrás de mí en la clase de historia me tocó el hombro, se me presentó, y preguntó, "¿A cuál iglesia vas tú?" Yo confesé que era católica. Ella observó que tenía la apariencia de ser católica. Desde aquel momento, comenzamos una amistad centrada en cómo la niña bautista iba preguntando a la niña católica respecto a su religión extraña. Lo cual inspiró a la niña católica a aprender mucho.

Preguntas. Yo he crecido a través de hacer y recibir preguntas. Me preguntan, yo pregunto, y en medio de todas las preguntas, finalmente comienzo a ver.

LUNES DE LA CUARTA SEMANA DE CUARESMA

Yo quedaré contento con Jerusalén
y estaré feliz con mi pueblo.
Ya no se oirán, en adelante,
sollozos ni gritos de angustia.

ISAÍAS 65,19

Desde lejos se oye acercando. Un gemido débil, un aullido más fuerte, y aquí está: la luces destellando en el retrovisor. Es una ambulancia. Alguien está enfermo, posiblemente moribundo. Quizá usted, como yo, fue enseñado a persignarse al ver u oír una ambulancia.

Nunca asistí a una escuela católica cuando era estudiante, pero como maestra en una de ellas lo vi muchas veces. Al pasar una ambulancia, una clase entera de adolescentes, normalmente escépticos, instintivamente trazaban ese signo sobre sus propios cuerpos. Esa cruz, un signo de la entrada de Dios en un mundo dolorido y quebrantado, y de su poder de sanarlo.

¿Cómo funciona? ¿Quién sabe? ¿Pero cuál es la alternativa, hacer nada?

El sufrimiento y la sanación son misterios del por qué y cómo. Cristo entró en el sufrimiento del mundo. Si soy su discípula, yo entro en el también. Yo no levanto barreras que me protejen del dolor de los demás. No cierro mis oídos a su ruido.

Enfrento el misterio directamente. Rezo. Ofrezco mi propio sufrimiento escaso cuaresmal. Tomo la cruz sobre mi propio cuerpo, en mi vida, y confío que de alguna forma estos pequeños gestos son parte del gran gesto de Dios de la redención.

MARTES DE LA CUARTA SEMANA DE CUARESMA

Los Judíos dijeron entonces al que acababa de ser curado: "Es sábado. No te está permitido llevar tu camilla".

JUAN 5,10

Consistencia: puede ser un desafío.

Yo me encuentro con este dilema muchas veces, pero sobre todo durante la Cuaresma. El viernes, no como carne. Pero, al hablar bruscamente a mis hijos mientras preparo su comida sin carne, ¿realmente encaja con el espíritu del día? Qué buena soy, estoy sacrificando la carne. ¿Qué pasa con mi paciencia? ¿Podría pensar en sacrificarla a ella, también?

Una vez hace muchos años cuando estaba enseñando, una alumna de preparatoria me dijo (muy sinceramente y no como si fuera un chiste), "Mi mamá dice que es muy importante asistir a la Misa. Pero justo después de la Misa, ella y sus amigas chismean sobre quién estuvo en la Misa y cómo se veían. No lo entiendo. ¿Cómo al ir a misa le va a ayudar a ser mejor persona?"

Los testigos de la acción sanadora de Jesús tampoco entendieron su sentido. Su enfoque en los particulares de la Ley los cegó al poder de la acción de Jesús entre ellos.

Como varios sabios han dicho, no juzgues mi fe según como actúo; quizá yo sería aún peor sin esa fe.

En cuanto a mis propias penitencias cuaresmales y mis prácticas religiosas a lo largo del año, las abrazo, y espero que me lleven más cerca de Cristo dentro de mi corazón—o de pie en mi cocina—.

MIÉRCOLES DE LA CUARTA SEMANA DE CUARESMA

Yavé te asegura:
En el momento oportuno te atendí,
al día de la salvación, te socorrí...
Dirás a los prisioneros: "¡Salgan!",
a los que están en la oscuridad: "Salgan a la luz."

ISAÍAS 49,8.9

"Agobiado" y "agotado" son adjetivos que describen a muchas personas que conozco. Trabajamos, llevamos a los niños por todas partes, administramos un hogar, cuidamos a los miembros más ancianos de la familia... Parece que nunca termina. La actividad incesante hasta puede sentirse como una prisión.

Cuando estoy locamente ocupada, mi camino a la cordura implica dividir mi vida en partes. Hay tantas cosas que se tienen que hacer, pero no puedo hacerlo todo a la misma vez. No puedo hacerlo todo, de ninguna forma. Lo único que puedo hacer es una sola cosa por los próximos minutos o horas. Entonces seguiré con la siguiente cosa.

En la vida espiritual, la profundidad y la persistencia de los propios pecados y limitaciones puede paralizar y hasta encarcelar a uno. La paz puede parecer imposiblemente lejos.

Igual a una vida diaria agobiante, la puedo dividir en partes. No puedo responder a todos los misterios al mismo tiempo, o nunca. Pero puedo hacer esto: ahora mismo, puedo pausar y rezar. En una o dos horas, lo puedo hacer otra vez. Más tarde, puedo leer las lecturas de la Misa del día u otro pasaje bíblico. Puedo decir "no" a un placer innecesario y en cambio darle tiempo a otra persona.

Mis días se santifican por los minutos. En el viaje de Jesús a través de estos mismos minutos y horas, Él derrumbó los muros y transformó una prisión en el camino hacia la vida eterna.

JUEVES DE LA CUARTA SEMANA DE CUARESMA

Bien pronto se han apartado del camino que yo les había indicado. Se han hecho un ternero de metal fundido y se han postrado ante Él. Le han ofrecido sacrificios y han dicho: Israel, aquí están tus dioses que te han sacado de Egipto.

ÉXODO 32,8

Algunos días después del nacimiento de mi hijo—que ya es un adolescente—, mi madre murió, y mi padre comenzó a lanzar indirectas al efecto de que sería bienvenida a que me llevara algunas o todas de sus posesiones.

Algunos años después de eso, mi esposo se murió, y lo que había sido nuestro ahora era sólo mío. Un par de años después, se murió mi papá, dejándome a mí, hija única, una casa llena de cosas.

Tuve que tomar una decisión. Ropa, libros, CDs, cajas y cajas de papeles, más libros, objetos de interés político (mi papá los coleccionaba), un carrito para muñecas y una casa para muñecas de la década de los 1920, discos de música, muebles, una cocina, y... ¿ya mencioné libros? Muchas cosas me rodeaban y definían el espacio en el cual vivía. Cosas.

Al inicio, deshacerme de una sola cosa de todo ello era tan impensable como deshacerme de esas personas, y de cierta forma, de parte de mi propia vida. Pero no deshacerme de esas cosas no era sustentable.

El respeto y las memorias tiernas son una cosa. Pero una vida que, debido a los ídolos, no le deja espacio a Dios que me habla en el presente, es otra cosa totalmente. No nos pueden salvar. Las cosas no lo pueden hacer, ni lo que ellas representan.

Ha llegado el tiempo de limpiar la casa, aceptando tanto el dolor como la gratitud. Es lo mejor para reconocer quién es Dios y cuál es el sentido que sólo Él puede dar.

VIERNES DE LA CUARTA SEMANA DE CUARESMA

Entonces Jesús, que enseñaba en el Templo, exclamó: "¿Así que ustedes me conocen y saben de dónde soy? [...] Yo sí lo conozco, porque vengo de Él y es Él el que me envió".

JUAN 7,28-29

Era la Misa diaria de mediodía en la Catedral en el centro de nuestra ciudad. Entre las paredes frescas de piedra, bajo la mirada de los santos, nos reunimos docenas de personas. Venimos desde nuestras casas o nuestros lugares de trabajo, y unos dos dormitando en la última banca venían de la calle. Escuchamos a la Palabra de Dios. Rezamos juntos en voz alta. Rezamos en silencio dentro de nuestros corazones, pero aun así, juntos de alguna forma. Ofrecimos nuestras vidas. Nos arrodillamos en la presencia del misterio del Calvario. Compartimos su Cuerpo y su Sangre. Estábamos en comunión con Él, con los demás ahí presentes, y con un sinfín de personas en el cielo y la tierra.

Luego dijimos: "Amen, gracias a Dios," y salimos al mundo.

Fue como una pequeña reunión. La pequeña reunión original, quizá. Las pequeñas reuniones son importantes porque, en la intimidad de una comunidad más pequeña, oímos la enseñanza de Jesús, la discutimos, y crecemos en la fe.

Para mí, ver esa Misa diaria como una pequeña reunión me ayuda a recobrar un sentido de la Misa como una experiencia holística de encuentro, no sólo de asistencia. Es un encuentro con Jesús que nos enseña ahora como lo hizo en el Templo. Nos alimenta, nos enlaza en la comunión, y luego nos envía como Él fue enviado: hacia un mundo hambriento y sediento.

SÁBADO DE LA CUARTA SEMANA DE CUARESMA

Ayúdense mutuamente a llevar las cargas, y así cumplirán la Ley de Cristo.

GÁLATAS 6,2

En un momento incomprensible de debilidad en una exposición de reptiles, dije "sí" a mi herpetólogo incipiente. Ahora vive con nosotros Rocky, un pitón real con una personalidad tranquila.

Las serpientes son nocturnas, pero poco después de adquirir Rocky, nos dimos cuenta que no estaba saliendo ni siquiera al anochecer. Mi hijo estaba preocupado. Luego me fijé que el ojo de Rocky estaba azul oscuro en vez de un negro brillante. Indiqué esto a mi hijo, quien saltó en el aire. "¡SÍ!", gritó. "¡Va a mudar su piel!"

Era la verdad. Si yo hubiera entendido los signos, habría sabido. La semana antes de mudar su piel, la serpiente, profundamente incómoda en su piel seca y apretada, busca la oscuridad. El azul indicaba que la escama sobre el ojo se estaba secando.

Estábamos preocupados, pero luego vimos los signos. Los signos revelaban qué estaba pasando y cómo responder.

Convivir con otros seres humanos puede ser pesado, pero si lucho contra mi egocentrismo y abro mis ojos, puedo ver los signos. Signos del dolor, sufrimiento, pérdida y preocupación. El itinerario de Jesús hacia la Cruz es un camino de paciencia, de comprensión y de perdón, y de llevar los cargos. Uniéndome a Él en ese camino, yo veo que soy llamada a ver a los demás no como problemas o objetos molestos, sino como hermanos y hermanas que me dan signos de las cargas que llevan.

QUINTO DOMINGO DE CUARESMA

Jesús, al verla llorar a ella, y también a los judíos que la acompañaban, conmovido y turbado, preguntó: "¿Dónde lo pusieron?" Le respondieron: "Ven, Señor, y lo verás". Y Jesús lloró.

JUAN 11,33-35

Sabemos cómo termina esta historia—tanto esta historia en particular como la gran historia cristiana—. Debo decir que la verdad gloriosa de Jesús resucitado de entre los muertos no borra el misterio sombrío de la muerte que vislumbramos aquí en la narración evangélica de Jesús y Lázaro. Hay tanta extrañeza en ella, teñida de esperanza pero al mismo tiempo envuelto en vendajes y carne. Jesús, el que resucitará a Lázaro, y que—como dice el evangelio—sabe que lo hará, aún así llora la muerte de su amigo.

Durante la Cuaresma, yo vivo este viaje a veces confuso de Jesús a la tumba de su amigo, a la resucitación de Lázaro, a su propio suplicio y muerte, y a la otra tumba. Vivo ese camino desde el miedo y la desesperación hasta la luz deslumbrante.

Este camino de Cuaresma—de vida—me enseña que el sentir dolor por la muerte, hasta escandalizarse, es humano. Pero lo que no es consistente con el camino de Jesús es el dejarse controlar por ella: vivir con el miedo de la muerte y dejar que las pérdidas pasadas y futuras definan mi visión en vez de vivir en el corazón de Aquél que dice a Lázaro, y me dice a mí, "...¡Ven afuera!"

LUNES DE LA QUINTA SEMANA DE CUARESMA

"Yo tampoco te condeno", le dijo Jesús. "Vete, no peques más en adelante".

JUAN 8,11

La vida moderna es marcada por una preocupación por el impacto de la internet—especialmente las redes sociales—sobre todos nosotros, especialmente los niños y jóvenes.

La mayoría de esta conversación trata del acceso a materiales inapropiados, pero me pregunto si no habrá otros efectos perjudiciales también. Éste, sobre todo: cuando las redes sociales están en todas partes y todos vivimos en ellas y nunca se apagan, ¿cómo podemos aprender reamente a estar solos, o a ser nosotros mismos?

Los mensajes de texto se intercambian 24/7. Se suben fotos. Comentarios críticos fluyen por el éter, hasta en las horas más oscuras de la noche. La ansiedad penetra todo: ¿Qué me estoy perdiendo? ¿Qué dice la gente de mí?

Algunas personas parecen haber nacidas indiferentes a las críticas de otras personas, pero para los demás, es un viaje largo hasta llegar a ese punto. El itinerario puede ser difícil y desconsolador mientras nos libramos trabajosamente de la trampa de la autoestima basada en la aprobación de los demás.

Esta nueva cultura de socializar y comentar a todas horas del día, sólo hace más difícil confiar que el amor de Dios sea suficiente, y resistir la tentación de vivir de una manera plasmada por los juicios de los demás en vez de la visión del Señor que nos creó, que nos conoce íntimamente más que nadie, y nos envía de regreso al mundo llenos de confianza, amados, y perdonados.

MARTES DE LA QUINTA SEMANA DE CUARESMA

Acójanse unos a otros en sus casas sin quejarse. Que cada uno ponga al servicio de los demás el carisma que ha recibido, y de este modo serán buenos administradores de los diversos dones de Dios.

1 PEDRO 4,9-10

Definir "introvertido" y "extrovertido" puede ser una tarea complicada, pero para mí lo esencial tiene que ver con las fuentes de energía. Una persona extrovertida obtiene su energía de la interacción con los demás. Una persona introvertida obtiene su energía del tiempo pasado solo, mientras que pasar tiempo con otras personas lo agota.

Pínteme de introvertida, y esta escena es lógica. Uno de mis hijos mayores vivió conmigo durante algún tiempo. En las mañanas, estaría en su cuarto con la puerta cerrada, y yo estaría en la mía, supuestamente trabajando. Después, sin haber dicho una sola palabra o hecho un sólo sonido a lo largo de dos horas, mi hijo saldría para ir a su clase o al trabajo.

Profundamente aliviada, yo pensaría, "Ahora, finalmente me puedo concentrar."

Cuando yo enseñaba en la preparatoria, los maestros tenían que tomar el examen de personalidad que fuese de moda en ese momento. Uno de mis colegas suspiró y comentó, "¿No sería más fácil si simplemente viviéramos según el Evangelio y nos amáramos y respectáramos mutuamente?"

Rezar profundamente, nutrir la vida espiritual, como se me invita a hacer durante la Cuaresma, es en parte un proceso de abrirme a una comunión más profunda con Dios. Como resultado, yo entro en su vida, mi visión limitada expande hasta coincidir con la de Él, y yo puedo ver a los demás no como obstáculos en mi camino, sino como hijos amados de Dios.

MIÉRCOLES DE LA QUINTA SEMANA DE CUARESMA

Jesús les respondió: "Les aseguro que todo el que peca es esclavo del pecado. El esclavo no permanece para siempre en la casa; el hijo, en cambio, permanece para siempre. Por eso, si el Hijo los libera, ustedes serán realmente libres."

JUAN 8,34-36

Para las personas cuyo concepto de la fe consiste sobre todo en las restricciones y en el "no hagas tal cosa", las palabras de Jesús que conectan la fe con la libertad podrían ser difíciles de entender. En mis años de enseñanza de la religión, este fue uno de mis mayores desafíos: ayudar a los jóvenes, impacientes para experimentar su libertad, a ver que el decir "sí" a Dios no era lo mismo que decir "no" a la plenitud de la vida.

Si uno mira con honestidad y con un corazón abierto a las experiencias de los conversos, eso es exactamente lo que encuentra: un alivio tremendo, un corazón que estalla, y una profunda comprensión de que ahora, en Cristo, realmente, finalmente está libre.

Mis prácticas cuaresmales me libran en maneras pequeñas del mundo. Me dan libertad de la prisión del pecado, libertad del miedo de la muerte, libertad del juicio del mundo.

Todos aquellos miedos y apegos desaparecen cuando entendemos quiénes somos en esta vida nueva de la gracia: hijos e hijas de Dios, creados por amor, renacido por la gracia para la vida en Él, con las cadenas rotas, libres para caminar en la luz.

JUEVES DE LA QUINTA SEMANA DE CUARESMA

Jesús respondió: "Les aseguro que desde antes que naciera Abraham, Yo Soy".

JUAN 8,58

Varios de mis hijos han tomado lecciones de piano. Con todos ellos, practicando y aprendiendo una pieza nueva podría tomar un rumbo inesperado.

Pasas mucho tiempo en una pieza musical. La aprendes. Crees que la sabes. Y luego, un día, todo comienza a derrumbarse. Lo que te salía sin esfuerzo la semana pasada, queda atascada entre tus dedos. Tu ritmo está fuera de sincronización y no logras retomarlo. Lo que habías pensado que estaba grabada en tu memoria, desaparece.

Tienes que aprender la pieza de nuevo, poco a poco. Cuando lo haces, está mejor que antes, porque has lidiado con ella de manera diferente.

Mi fe es así. Habiendo asistido a la iglesia desde mi niñez, habiendo leído las Escrituras muchas veces, puedo escuchar el inicio de una narración evangélica, y dar un suspiro. La tengo bajo control. La conozco muy bien.

Pero, ¿es la verdad? Yo encuentro las palabras de Jesús referidas aquí y la paradoja profunda me impacta de manera nueva. ¿Cómo habría podido presumir yo a decir que entendía? ¿A Jesús, un hijo y amigo que nació, caminó, comió, bebió y sufrió, que está de pie en las calles polvorientas diciendo simplemente, Yo Soy? ¿Tomando el nombre de Dios propio para el mismo?

Me detengo. Escucho humildemente, sin presumir nada. Acojo con agrado esa desorientación sorprendente, no como un final, sino como el principio de algo más.

VIERNES DE LA QUINTA SEMANA DE CUARESMA

Yo te amo, Señor, mi fuerza,
Señor, mi Roca, mi fortaleza y mi libertador...

SALMO 18,2-3

Quizá usted se acuerda de la historia trágica de Natalee Holloway, la joven que desapareció durante un viaje escolar de preparatoria a Aruba en 2005, el año de su graduación.

Ahora vivo en su pueblo de origen y leí recientemente un perfil de su madre, Beth, quien relató cómo comenzó a encontrar la paz después de la desaparición de su hija. Estando en Aruba, buscando, penando, y esperando, pidió a su conductor que la llevara a algún lugar donde pudiera rezar. Él la llevó a una iglesia católica, donde vio una fila de cruces pequeñas y comenzó a caminar.

"Aunque no conocía la tradición católica del viacrucis, iba instintivamente de cruz a cruz, buscando cada vez una respuesta. Finalmente, en la quinta o sexta estación, la encontró. 'Una paz completa me cubrió como una manta, y en aquel instante de alguna manera sabía que Natalee estaba con Dios, y sabía que la había cuidado a través de cualquier tipo de tormenta que hubiera sufrido esa noche, y fue entonces que encontré la paz... Dejé la carga de cuidar de Natalee al pie de la cruz.'"

El viacrucis original era un escándalo. Ahora, la erigimos como un testimonio de la fuerza de Dios. En las sendas de montaña, en las ciudades, en los jardines, y en las paredes de las iglesias, estas cruces traen el Camino de Jesús a todos los rincones de la tierra.

SÁBADO DEL QUINTO DOMINGO DE CUARESMA

...Cambiaré su tristeza en alegría,
los consolaré, los haré reír después de sus penas.

JEREMÍAS 31,13

Este versículo dice la verdad. Dios transforma el dolor en alegría. Nos consuela y alegra.

Yo aprendí esto de forma real cuando se murió mi esposo, dejándonos—a mí y a mis dos hijos pequeños—consternados por ese nuevo vacío en nuestras vidas.

Si usted ha experimentado alguna vez la muerte de alguien cercano, especialmente una muerte repentina, sabe lo que quiero decir. Parece inimaginable que podrá adaptarse algún día, mucho menos estar alegre o contenta.

Pero en Jesús, eso sucedio.

Primero, a través de una aplicación lenta pero segura del Evangelio a la vida. Apoyándonos constantemente en la oración a través de todo, escuchando el Evangelio y viviéndolo a través de la Eucaristía, dejamos que nuestros corazones sean formados en la verdad de que la Cruz no es el final, que la tumba está vacía. Esa tumba vacía transforma el dolor de la madre que está de luto y el de sus amigos en gozo.

Segundo, eso sucedio a traves del Cuerpo de Cristo. Una interminable cantidad de personas rezaron por nosotros. Ofrecieron su acto de comulgar, ofrecieron Misas y rosarios... simplemente rezaron.

No dudo que Jesús, a través de las oraciones que su Cuerpo ofreció por nuestra sanación, nos consoló de manera real. Por ese motivo, cuando me piden que reze por alguien, siempre, siempre paro y lo hago. Cada oración, cada pequeño sacrificio es un paso con Él para consolar, alegrar, y transformar el dolor en alegría.

DOMINGO DE RAMOS

"¡Bendito sea el Rey que viene en nombre del Señor! ¡Paz en el cielo y gloria en las alturas!".

LUCAS 19,38

Cada procesión parroquial del Domingo de Ramos a que e ido en mi vida ha comenzado y terminado de la misma manera. Congregados fuera de la iglesia, levantando nuestras hojas de palma en alto, vigilando a los niños con un ojo, todos estamos unidos en esto. El Evangelio se proclama, la música comienza—y también nuestro camino—. Nuestras voces están unidas y seguras, pero despues de varios minutos, la escena comienza a cambiar.

El grupo inicialmente cohesivo se expande, las líneas dividen, la distancia entre las personas se aumenta. Al paso que los músicos y cantores progresan y entran a la iglesia, los que estamos al final de la procesión nos atrasamos en la canción, nuestras voces vacilan, y luego desvanecen.

Nuestra procesión inicialmente orgullosa se ha hecho una sombra dispersa y torpe de lo que era.

Puede frustrar a los que planean la liturgia y a los músicos, pero cuando piensas en ello, este descenso desde las esperanzas elevadas hasta el desorden es apropiado para este día. Es un eco de lo que los Evangelios nos cuentan que pasó durante y después de aquella procesión original en Jerusalén.

La esperanza confiada en lo creemos que sea la verdad y lo importante, al entrar en ese momento, se disipa cuando perdemos de vista la cabeza, cuando nuestra capacidad de escuchar se disminuye, cuando como cada uno de nosotros vamos por nuestro propio camino.

¿Quién es este Jesús a quien aclamo? ¿Quién creo yo que sea? ¿Y cuántas de estas alabanzas que proclamo ahora se disiparán y

se perderán en el viento, o hasta se negará, durante el trascurso de un solo día?

Hosanna, digo, Tú eres mi Salvador—con la excepción de las metas financieras o los logros por los cuales me esfuerzo y por los cuales estoy dispuesta a sacrificar la honestidad, el tiempo, la amabilidad, y hasta mi vida familiar.

Tú eres el Señor, yo grito—con la excepción de los valores que yo antepongo a ti.

Tu camino es mi camino. Excepto cuando no lo es.

La procesión ha terminado. Los que se quedaron atrás han alcanzado los demás y estamos dentro de la iglesia. Cristo está aquí en la cabeza, hablándonos, uniéndonos, nutriéndonos. Ahora es el momento de dejar al lado cualquier suposición que yo haya tenido respecto a Él, confesar mi propia renuencia a ver las cosas tal como son, y prepararme para otra oportunidad de seguirlo—esta vez, con humildad y en comunión con mis hermanos y hermanas, donde sea que nos conduzca.

LUNES DE SEMANA SANTA

Judas Iscariote, uno de sus discípulos, el que lo iba a entregar, dijo: "¿Por qué no se vendió este perfume en trescientos denarios para dárselos a los pobres?".

JUAN 12,4-5

Dejada a mis propias dispositivas, puedo diseñar—o ser curadora de—mi propia vida. Ya no estoy sujeta a la tiranía de los que editan para los difusores de noticas o que escogen la lista de reproducción de las estaciones del radio. Puedo auto-seleccionar y auto-editar entre miles de opciones. Puedo escuchar lo que quiero, apagar lo que me molesta, y dejar de prestar atención a lo que no quiero ver. Puedo vivir en una burbuja tan transparente o opaca como yo quiera.

Pero esta semana, no.

Esta Semana Santa, Estoy empujada hacia las multitudes. Multitudes que acogen, y luego condenan. Me encuentro con los que dudan, los fieles, los confusos, y los temerosos. Me escondo entre los pecadores y los santos. Oigo las preguntas, las respuestas, y el silencio.

Viajo con Jesús cada paso del camino. Vamos afuera hasta Betania, a la casa de Marta, María y Lázaro. Quiera o no, tengo que escuchar a Judas y comparar sus palabras con mis propias prioridades, mis propias actitudes.

No puedo ignorar las falsas acusaciones, las traiciones, y la sangre. No puedo ser selectiva. No puedo escoger mi propia aventura. No puedo elegir lo que me parece correcto según mi propio estilo, mi tipo de personalidad, mis preferencias o prioridades.

Esta semana, estoy con Jesús.

MARTES DE SEMANA SANTA

Simón Pedro le dijo: "Señor, ¿a dónde vas?". Jesús le respondió: "Adonde yo voy, tú no puedes seguirme ahora, pero más adelante me seguirás".

JUAN 13,36

Una noche, como consecuencia de unas malas decisiones de parte de uno de mis niños, pasé cinco horas en la sala de emergencias de un hospital. Tu probablemente has estado en la misma situación y conoces la escena.

Me molestaba, por supuesto, y sobre todo porque el motivo por nuestra presencia era algo tan tonto (el niño estuvo jugando con una silla plegable, lo cual resultó en un corte profundo, y la mamá enfermera en la junta de los Scout recomendó la sala de emergencias).

¿Fue una tarde desperdiciada? En gran parte es una cuestión de perspectiva. Donde sea que me encuentre, Dios está Ahí. ¿Qué veo? ¿Qué puedo aprender?

Esa noche, lo que se veía en todas partes era el sufrimiento.

Una mujer temblando, envuelta en una manta. Ella estaba ahí antes de nosotros, y seguía ahí cuando nos fuimos. Un hombre agarrándose la cabeza. Una familia discutiendo el colapso de su padre y sus directivas de atención médica. Un niño con muletas.

No era algo extraordinario; simplemente era la vida. Este lugar de sufrimiento es el lugar adonde va Cristo, el lugar adonde lo seguimos en algún momento en nuestras vidas. Pero no termina allí. ¿Adónde va? ¿Adónde lo seguiré? No a una noche sin fin en un hospital, sino al final de todo, con Él a nuestro lado, iremos a un amor que desborda y una presencia que transforma y sana hasta el más profundo dolor.

MIÉRCOLES DE SEMANA SANTA

He ofrecido mi espalda a los que me golpeaban, mis mejillas a quienes me tiraban la barba, y no oculté mi rostro ante las injurias y los escupos.

ISAÍAS 50,6

Vivimos detrás de un parque con una historia interesante. Caminando por las áreas verdes, el estanque, las canchas de béisbol, y sobre la colina que lleva de regreso a nuestra casa, nos imaginamos lo que estaba ahí anteriormente.

Este parque—ya bien adentro de los límites de la ciudad—en otro tiempo era un destino para cuando residentes de la cuidad querían salir del municipio a dar un paseo. Fue la sede de algo de conflicto triste racial a los inicios del siglo veinte. Era la sede del primer zoológico de nuestra ciudad, y el elefante que allí residía—Miss Fancy—escapaba a cada rato y se podría encontrar vagabundeando por las colonias cercanas, incluyendo, como descubrimos con un poco de investigación, un lugar no lejos de nuestra casa.

Es fascinante caminar en un lugar sabiendo que estoy caminando en la historia, caminando en las huellas de otras personas del pasado.

Hoy, continúo el itinerario que comenzó hace semanas, se profundizó el Domingo de Ramos, y se intensificó a través de este Triduo. Quizá no estoy en Jerusalén, pero donde sea que esté, estoy rezando con mis hermanos y hermanas, y camino con Jesús. En este espacio, encuentro este sacrificio verdadero. Me conmueve la humildad de Dios, y soy desnudada de todo lo que el mundo ofrece. Camino. Caminamos sobre esa senda, en sus huellas, el pasado y el presente borrados en el "ahora" eterno del amor.

JUEVES SANTO

Luego echó agua en un recipiente y empezó a lavar los pies a los discípulos y a secárselos con la toalla que tenía en la cintura.

JUAN 13,5

Al contemplar lo que significa ser un discípulo de Jesús en este mundo del siglo veinte, encuentro que frecuentemente personas me animan a discernir cómo utilizar los dones y talentos que se me han dado para el bien del Reino de Dios. Cuando lo haga, prosperaré—así dicen—. Será algo asombroso y yo estaré impresionante.

Parece correcto. ¿No tiene sentido pensar en el discipulado como la utilización de esos dones particulares al servicio de Dios y de los demás? ¿No es eso lo que está pasando aquí en este momento? ¿Lo es?

Si yo paso más adelante del tiempo de Jesús y detrás del mío, voy a toparme con alguien a quien yo—y la mayoría de los cristianos—miro como la personificación del discipulado en un mundo complicado, hasta hostil: San Francisco de Asís.

Lo que oigo y veo de él es un poco diferente de la vocación de utilizar mis dones en formas impresionantes. Inclusive, lo que veo es duro. Porque San Francisco murió echado en el suelo, básicamente ciego, sufriendo terriblemente, con el movimiento que había comenzado en un estado de caos.

Pero en su cuerpo, estaba tan cerca a la Pasión que llevaba las heridas de Jesús. Llegó a ser la encarnación viviente de la afirmación de Pablo en la carta a los Gálatas, de que he sido crucificado con Cristo y ya no soy yo que vivo, sino Cristo que vive en mí.

También asociamos a San Francisco con el ideal y la realidad de la pobreza. Sin embargo, este aspecto a menudo no se entiende bien. Cuando oímos "pobreza", muchas veces suponemos que

Francisco daba prioridad a la pobreza material, especialmente porque es lo que abrazó tan dramáticamente. Pero los escritos de Francisco dejan claro que el tipo de pobreza fundamental que precede todo lo demás es la pobreza espiritual de Cristo, esta pobreza de vaciarse completamente a sí mismo para cumplir la voluntad del Padre, por nuestra causa.

Eso, lo vemos en la noche del Jueves Santo. Jesús se derrama por nosotros. Nos da su mismo cuerpo y sangre como nuestra comida para este viaje. Se humilla a los pies de sus amigos. Entra en el jardín donde habíamos afirmado nuestra voluntad orgullosa, y renuncia totalmente su propia voluntad.

En este momento, me parece que preocuparme por mis propios dones y talentos es no entender la cuestión. Jesús, Francisco y todas los santo hombres y mujeres de Dios que me rodean no se han preocupado por tales cosas. Simplemente han entregado sus propias voluntades a Dios, y en todo momento dejan que Cristo ame en el lavado de los pies.

VIERNES SANTO

Eran nuestras faltas por las que era destruido, nuestros pecados por los que era aplastado. Él soportó el castigo que nos trae la paz y por sus llagas hemos sido sanados.

ISAÍAS 53,5

El Viacrucis de Viernes Santo fue a mediodía en el catedral de la ciudad. Centenares de personas estaban sentadas en las bancas, listas para hacer ese viaje, y más personas estaban paradas en fila al lado de las paredes, esperando confesarse.

Estábamos a tiempo, pero suficientemente atrasados para que se agotasen las libretas antes de nuestra llegada. Me pregunté al inicio cómo iba a participar, pero el hombre en la banca detrás de mí leía las devociones y oraciones con tanta fuerza y claridad que dejé de preocuparme.

Tela roja envolvía a todas las estatuas en la iglesia. El diácono llevaba un ornamento de rojo brillante. Las detalles de oro en ello hablaban, no de la riqueza, sino de la gloria paradójica del momento que estábamos conmemorando. El momento en el tiempo que es un parteaguas en el tiempo para cada uno de nosotros aquí, si lo aceptamos.

Santa Catalina de Siena, la mística grande y asombrosa del siglo catorce, comenzó todas sus cartas con una referencia a la sangre. En su sangre preciosa, ella escribía. Ella invitaría a su correspondiente a ahogarse en la sangre, a embriagarse de la sangre. Puede sonar chocante y horripilante a nuestras orejas modernas, pero en aferrarse a la imagen, ella me está diciendo algo importante.

La embriaguez indica, entre otras cosas, la pérdida de control, lo cual vemos normalmente como algo malo. Lo que Catalina está intentando comunicarnos al sumergir cada uno de sus pensamientos en la sangre de Cristo y al deleitarse en la imagen

de estar embriagada con la sangre de Cristo es que en Él, quien se entregó totalmente a la voluntad del Padre, nosotros hacemos lo mismo.

Con los ojos abiertos, y llenos al punto de la embriaguez, miramos a los demás de forma diferente. La sangre de Cristo no se derramó sólo para mí, sino para cada hijo de Dios que se encuentra luchando, tentado, y buscando, en esta iglesia y más allá. La imagen extraña de la sangre cubriéndome completamente como el ornamento del diácono lo cubre a él me induce a considerar hasta qué punto realmente permito que Cristo entre en mi vida, cuánto me entrego yo a Él, que tan plenamente he permitido que la Cruz me purifique de verdad, cuánto sigo resistiendo, y cuánto tengo que dejar el control en este Viacrucis.

SÁBADO SANTO

Por el bautismo fuimos sepultados con Él en la muerte, para que así como Cristo resucitó por la gloria del Padre, también nosotros llevemos una vida nueva.

ROMANOS 6,4

Ésta es la noche...

Es larga, intensa, dramática, y agotadora. Lo mismo que la vida de un discípulo. La liturgia de la Vigilia Pascual trae, de manera viva y profunda, la esperanza radical y deslumbrante del Cristo Resucitado para las almas en búsqueda.

Cada palabra, cada gesto resuena y responde a una pregunta. Respondo a la pregunta, con una respuesta directa del corazón de Dios que llama, busca, e invita a sus queridos hijos e hijas a dejar de huir, a dejar lo que sólo les trae la muerte y a regresar a Él, porque sólo en Él abunda la vida.

Esta historia de la añoranza del pueblo de Dios y la respuesta de Dios es la historia de cada persona. Esta noche de Sábado Santo, en mi propia parroquia y alrededor del mundo, esa historia es encarnada intensamente, no sólo en la luz, el pan, el vino, el aceite, el agua y el sonido, sino en los seres humanos. Los catecúmenos y los candidatos se reúnen, esperando, anhelando. Preguntan, se les responde, y están listos.

Nos encanta una historia de conversión. Desde los apóstoles, movidos a levantarse y seguir cuando Jesús les llamó, hasta la mujer que había sido poseída por demonios, que ahora se encuentra a sus pies. Pablo. El eunuco etíope. Agustín. San Francisco. John Henry Newman. Thomas Merton. Dorothy Day.

No tenemos que leer un libro para beneficiar del testimonio de un converso. Están entre nosotros, si sólo hacemos el esfuerzo de escuchar. Alguien que yo conozco, educado como ateo en su niñez, me contó el momento cuando, completamente quebrantada, se encontró en un armario, implorando ser amada.

Yo simplemente quiero conocer el amor, suplicó. No el amor romántico, sino el amor que nos llama por nombre, que nos creó de la nada simplemente porque fuimos amados suficientemente como para existir y, aunque fuéramos quebrantados y imperfectos, para morir por nuestra causa. Menos de un día después, ella escuchó las Buenas Nuevas en la forma de toparse con un artículo en las noticias sobre la encíclica Deus Caritas Est, del Papa Benedicto XVI.

Si historia se vuelve a vivir de mil maneras diferentes en esta noche, y mientras el Pueblo de Dios se traslada desde la oscuridad por los destellos débiles del fuego hasta una luz gloriosa que abarca todo y revela todo, las vemos. Están aquí.

Nerviosos en sus vestidos blancos, han oído la historia, y han dicho que sí, sabiendo que ésta es su historia.

Sabemos que la vida del discípulo se resume en la última escena del Evangelio de esta noche, cuando las mujeres salen para contar lo que han visto. Evangelice. Comparta esas Buenas Nuevas.

DOMINGO DE PASCUA

Corrió al encuentro de Simón Pedro y del otro discípulo al que Jesús amaba, y les dijo: "Se han llevado del sepulcro al Señor y no sabemos dónde lo han puesto".

JUAN 20,2

Además de las lecturas de las Escrituras de este día de Pascua, oímos otro texto antiguo también: una secuencia, o un himno, que se llama *Victimi paschali laudes.* Es hermosa, y en el latín original, sucinto y potente. Mi parte preferida del himno es una pregunta dirigida a María de Magdala:

Dic nobis Maria,
quid vidisti in via?

"Dinos, María: ¿qué viste en el camino?"

María, como sabemos, no estaba sola en el camino por donde había viajado. Muchos de los apóstoles habían desaparecido, pero ella junta con otras mujeres, incluyendo a María, la Madre del Señor, y también a José de Arimatea, permanecieron al pie de la Cruz y más allá. El cristianismo oriental les da un nombre y su propia festividad, el segundo domingo después de la Pascua: las Mirróferas.

¿Y qué habían visto las Mirróferas hasta este punto, a lo largo de los últimos días? Sabemos, porque hemos estado caminando con ellas. Durante varios días sobrecogedores, vieron acontecer lo inimaginable. Presenciaron las consecuencias del pecado. El fruto de la mano dura de la brutalidad, del odio, y del miedo. En la piel fría y los ojos cerrados de su Maestro, vieron lo que sólo podían suponer era el final. Como uno hace en tal situación, prepararon un entierro, recogieron las especies, los ungüentos y las vendas. Pausaron.

Pasó el Sábado, y una nueva semana estaba amaneciendo. Insensibilizadas, quizá, penando y resignadas, siguieron adelante paso por paso, como hacemos cuando la muerte parece cerrar la puerta con un golpe y cerrar las cortinas.

Y luego, vieron.

Quid vidisti in via?

Las mujeres que viajaron con Jesús desafían nuestro silencio, nuestra incomodidad de compartir nuestra fe. Ellas, agradecidas por lo que Jesús había hecho, no podían dejarlo, ni siquiera cuando había peligro. Y ahora, habiendo presenciado cómo el Señor despedazó las cadenas de la muerte, no podían callarse.

Jesús estaba vivo, había conquistado la muerte con su amor a través del sacrificio. El mensaje que las mujeres acogieron a la puerta de la tumba vacía es consistente a través de los Evangelios, y no se trata de guardar como secreto lo que habían visto.

Quid vidisti in via?

Esa pregunta se me hace a mí hoy, también. He estado en un viaje de sufrimiento y sacrificio, y visto cómo Él ha entrado en este mundo roto. Y ahora he visto este mundo volteado al revés, sanado, y vivificado.

El mundo le pregunta a María de Magdale, el mundo nos pregunta a todos nosotros, que somos sus discípulos, testigos y amigos. "Dinos", el mundo nos suplica:"¿Qué vieron?"

LUNES DE PASCUA

Pero Dios lo resucitó, librándolo de las angustias de la muerte, porque no era posible que ella tuviera dominio sobre él.

HECHOS 2,24

Hace algunos años, vendí mi casa, que había estado en el mercando más de un año. Fue una experiencia que me convenció que esta casa actual—la que compré para tener un jardín más grande y una canasta de baloncesto (para mis hijos)—sería la última casa que compraría o vendería en toda mi vida.

El alivio que sentí al salir de la firma del contrato de compraventa de la casa, fue profundo y sorprendente. Aquella oleada de alivio me sorprendió porque es casi como si la ansiedad de aquella carga extra se había arraigado tan profundamente, que me había olvidado que era siquiera una posibilidad que algún día aquella carga se aliviaría. Había llegado a suponer, en el fondo, que viviría para siempre con la carga.

Así es con esos primeros días sorprendentes del tiempo de la Pascua. Dejar que las Buenas Nuevas entre con fuerza en mi vida de nuevo me sacude, pero de manera buena. No me había dado cuenta de cuánto había permitido que las suposiciones del mundo respecto a la vida y la muerte entraran a mi alma otra vez. A lo largo del año anterior, mis valores, mis esfuerzos, y mi miedo respecto a la muerte, habían tomado de nuevo un matiz mundano. La Cuaresma los sacudió hasta soltarse y ahora, una vez más, la luz del poder de Cristo de superar estas cargas me abruma con el alivio gozoso que ni me había dado cuenta que me faltaba.

MARTES DE PASCUA

A este Jesús, Dios lo resucitó, y todos nosotros somos testigos. Exaltado por el poder de Dios, Él recibió del Padre el Espíritu Santo prometido, y lo ha comunicado como ustedes ven y oyen.

HECHOS 2,32-33

Esos corazones inquietos, en búsqueda. Nuestros corazones, siempre buscando algo nuevo, intentando agarrar alguna novedad. San Agustín conocía esa realidad, escribió sobre ella, la vivió.

Siglos después, seguimos en lo mismo, viviendo en búsqueda de nuevas experiencias, nuevos artefactos, nuevas recetas para dar vida a nuestras cenas, nuevos restaurantes, una nueva apariencia.

Uno de mis vicios en este campo son las casas. No es que yo sea algún tipo de magnate de los bienes inmuebles, firmando contratos de compraventa con mucha frecuencia. No, antes de que me desperté y controlé, estaba obsesionada por la atracción de lo nuevo, lo diferente, algo que no sea donde estoy en el presente. Donde estoy está bien, pero si las paredes que me rodean fuesen nuevas y diferentes, seguramente estaría mejor. Así que aunque no tenía intención de comprar, seguí revisando las listas de casas en venta, atrapada por la atracción de lo nuevo.

Ahora estoy aquí, escuchando a Pedro predicando lo que era radical, extraño, y nuevo para la gente de Jerusalén. Sus palabras me llegan ahora y me guían a la verdad de que sí, mi corazón en efecto busca lo que es vivo, fresco y nuevo. No hay cómo negarlo, ni hace falta. La verdad es que el hambre se puede satisfacer y la sed se puede aplacar en Él, que es siempre antiguo, siempre nuevo.

MIÉRCOLES DE LA OCTAVA DE PASCUA

Al amanecer, Jesús estaba en la orilla, aunque los discípulos no sabían que era él.

JUAN 21,4

Cuando mis hijos eran pequeños, a veces nos encontrábamos con uno de sus maestros o niñeras en el supermercado, el centro comercial, o la iglesia.

Invariablemente, mis hijos se congelarían y se retirarían, aturdidos y sin palabras. Hasta podrían llorar. Era profundamente desconcertante ver a sus maestros fuera de contexto. Si yo no hubiera señalado al maestro, ellos probablemente ni siquiera los habrían reconocido.

Yo he tenido la misma experiencia. Mi vida es, para bien o para mal, compartimentada. Tengo amigos que son los papás de los amigos de mis hijos. Tengo conocidos de la iglesia. Tengo amigos de la vecindad que no tienen nada que ver con ni un mundo ni el otro. A veces es desconcertante darme cuenta de que todos vivimos en el mismo pueblo. Ver a alguien fuera de contexto me confunde tanto como lo hacía a mis niños chiquitos.

El Señor Resucitado derrama toda su vida en todos los rincones del mundo, buscando a atraernos a Él. ¿Estoy preparada a vivir en la verdad de que este mundo es uno, redimido por Él? ¿Estoy dispuesta a reconocer a Jesús en todas partes y en cualquier lugar—o sólo en esos lugares donde he decidido que pertenece y donde me gustaría que Él se quedara, sin peligro—?

JUEVES DE LA OCTAVA DE PASCUA

Él les dijo: "¿Por qué se desconciertan? ¿Cómo se les ocurre pensar eso? Miren mis manos y mis pies: soy yo. Tóquenme y fíjense bien que un espíritu no tiene carne ni huesos, como ustedes ven que yo tengo." Y dicho esto les mostró las manos y los pies.

LUCAS 24,38-40

Cuando pienso en las personas que amo, mis amigos, y simplemente en personas que he encontrado durante el día, no son las ideas que me vienen a la mente. No entretengo memorias de conceptos, nociones, o incluso espíritus.

Yo pienso en el cuerpo fuerte de mi hijo menor y su voz cuando dice, "de todos modos." Veo el siguiente hijo galopando por el jardín. La melena oscura del pelo de mi hija, su sonrisa grande. Los brazos largos del siguiente hijo, lanzando a un bebé en el aire. La sonrisa contagiosa y burlona de mi hijo mayor.

La sensación de la piel, un olor, la densidad o una curva del cabello , el sonido inmediatamente reconocible de las pisadas en la escalera, el cabello de mi papá que nunca se puso canoso, las piernas largas de mi mamá, su tos, su risa demasiada infrecuente. Los cuerpos, las almas, las personas.

Somos seres humanos, encarnados, cuerpo y alma, no espíritus, ni siquiera espíritus encarcelados en la carne.

Jesús me invita a conocer quién es Él, no pensando en una idea, sino mirando sus manos y sus pies, tocándolo en su totalidad.

VIERNES DE LA OCTAVA DE PASCUA

Jesús les dijo: "Vengan a comer". Ninguno de los discípulos se atrevía a preguntarle: "¿Quién eres?", porque sabían que era el Señor. Jesús se acercó, tomó el pan y se lo dio, e hizo lo mismo con el pescado.

JUAN 21,12-13

Me gusta preparar y hornear pan. No lo hago muy bien, y mis resultados son irregulares, pero disfruto de hacerlo. He descubierto varios métodos de preparar el pan con levadura sin tener que amasarlo, y mientras nunca me han intimidado los métodos tradicionales, confieso que esto ha cambiado mi vida.

Junto los ingredientes, durante la noche ellos hacen lo que hacen, y el siguiente día puedo sorprender a mi hijo con pan recién horneado. El alimentar a alguien que amo es algo que da satisfacción y gozo. Aun más cuando es una sorpresa.

Esas apariciones de Jesús a sus amigos después de la Resurrección nunca dejan de intrigarme y deleitarme. Los momentos son ordinarios y muchos de ellos incluyen a Jesús apareciendo para compartir algo de comida y ser reconocido en ese momento. Aquella invitación casi casual, "Ven a desayunar", revela el amor que Jesús nos tiene.

Considero esto cuando me siento en la Misa, rodeada por una familia mayor tanto en la tierra como en el cielo. ¡Qué alegría Jesús encuentra en amarnos a todos! ¿Nutrirse ahora y por la eternidad con el Pan Vivo? ¡Qué don! Encantados, gozosos, y agradecidos, nos acercamos a la mesa. Nos abrimos al Pan de Vida. Decimos, "sí".

SÁBADO DE LA OCTAVA DE PASCUA

No, no moriré: viviré para publicar lo que hizo el Señor.

SALMOS 118,17

En el centro de Milano, Italia, se levanta una iglesia rococó fascinante. Es el duomo o catedral de Milano, construido a lo largo de siglos, y no muy querido por los historiadores del arte por su mezcolanza de estilos.

Puedes subir al techo, también. Subiendo las escaleras por dentro y siguiendo por afuera, vas por el camino y disfrutas del sol y de una vista fantástica desde el techo del Duomo.

Mientras subimos aquel día hace varios años, me impactaron los detalles pequeños y perfectos al lado del camino. Los ángeles y querubines, las cruces, viñas frondosas, animales de todos los tipos tallados en la piedra. Me imaginé un artesano, hace siglos, preocupándose por plasmar estos detalles hermosos, a grande altura, mucho antes de que escalar el techo llegara a ser un pasatiempo de los turistas. Se preocupó tanto, hizo su mejor esfuerzo; ¿sabía que algún otro ser humano vería algún día su trabajo?

Probablemente no. Pero no importa. Él declararía que aquellos detalles eran obras del Señor a través de los dones que Dios le había dado, parte de la creación mayor levantándose en alegría, y por lo tanto, lo mejor que él tenía para ofrecer.

Durante este tiempo de Pascua, celebramos el Espíritu de Dios, vivo en el Cuerpo de Cristo. Despiertos a su poder, sabemos que la muerte ha sido conquistada, vivimos por su gracia, y con la obras creativas y amorosas, grandes y pequeñas, vistas por una sola persona, por muchas, o sólo por Dios, alabamos lo que Él ha hecho; proclamamos, en alegría, las obras del Señor.

DOMINGO DE LA DIVINA MISERICORDIA

Ocho días más tarde, estaban de nuevo los discípulos reunidos en la casa, y estaba con ellos Tomás. Entonces apareció Jesús, estando cerradas las puertas, se puso en medio de ellos y les dijo: "¡La paz esté con ustedes!".

JUAN 20,26

En 1996, siete monjes cistercienses fueron secuestrados, mantenidos con vida durante dos meses, y eventualmente asesinados en Argelia por guerrilleros islámicos. Los cistercienses habían vivido tranquilamente en la zona durante décadas, construyendo relaciones con sus vecinos musulmanes, pero en los años que precedieron su asesinato, las tensiones habían subido en el país con el crecimiento en popularidad y poder de grupos extremistas. Cuando se les dio la oportunidad de irse, y hasta fueron animados a hacerlo, ellos hicieron algunos ajustes a sus vidas—dejaron de aceptar nuevos miembros en la comunidad, por ejemplo—pero por lo general continuaron su ministerio de presencia, amor, hospitalidad y paz.

Se cuenta su historia en el libro *Los monjes de Tibhirine*, y fue puesto en escenario en la película extraordinaria francesa *De dioses y hombres* de 2010. El talento de la película es saber tomar la cuestión que los monjes afrontaban y presentarla al auditorio con toda su complejidad.

Porque la cuestión es simplemente esta: ¿Los monjes, amenazados por la violencia islamista, deberían de quedarse o irse? Sería tan fácil irse. Tan fácil. Simplemente regresar al otro lado del mar a Francia. ¿Pero realmente sería tan fácil?

Los monjes, porque son humanos, reaccionan a la oscuridad, a la amenaza de la muerte, a la sombra de un mundo sin misericordia y sin vida, de varias maneras, exactamente como nosotros reaccionamos a la realidad de la muerte cuando se